Colección Enseñanza Multicultural
Cuadernos para Educación Secundaria

manual de
LENGUA CASTELLANA Y LITERATURA

Rocío Bautista Bravo

EDICIONES
ALJIBE

© Rocío Bautista Bravo
© Ediciones Aljibe, S. L., 2011
Tlf.: 952 71 43 95
Fax: 952 71 43 42
Canteros 3 y 5 -29300-Archidona
(Málaga)
e-mail: aljibe@edicionesaljibe.com
www.edicionesaljibe.com

I.S.B.N.: 978-84-9700-660-6
Depósito legal: MA- 760-2011

Cubierta y maquetación: Equipo de Ediciones Aljibe
Imágenes extraídas de: Clker.com

Imprime: Imagraf. Málaga.

Queda prohibida, salvo excepción prevista en la ley, cualquier forma de reproducción, distribución, comunicación pública y transformación de esta obra sin contar con autorización de los titulares de propiedad intelectual. La infracción de los derechos mencionados puede ser constitutiva de delito contra la propiedad intelectual (arts. 270 y sgts. Código Penal). El Centro Español de Derechos Reprográficos (www.cedro.org) vela por el respeto de los citados derechos.

ÍNDICE

5 **Introducción**

7 **Bloque 1:** Mi nueva vida

17 **Bloque 2:** Mi familia

29 **Bloque 3:** El carnaval de Brasil

43 **Bloque 4:** Proverbios y cantares

53 **Bloque 5:** Las rosas

65 **Vocabulario**

El método de trabajo de todas las unidades es:

- Comprensión lectora
- Vocabulario
- Gramática
- Ortografía
- Expresión escrita
- Expresión oral
- Observaciones del tutor/a

Este libro pertenece a:

_____

INTRODUCCIÓN

Antes de empezar...

La llegada de un importante número de alumnos y alumnas procedentes de diversas culturas no es ajena a la sociedad española ni a su comunidad educativa. El cambio que supone la llegada a un país distinto puede ser radical en cuestiones tan esenciales como la forma de vestir y las diferencias alimenticias, climáticas e incluso el orden ético y moral. Pero, más allá de todas estas cuestiones, nos encontramos ante el gran reto que supone la convivencia entre las distintas culturas, el respeto a las diferencias de cada una y la necesidad de darle una solución educativa viable. Por eso, el propósito de este manual de Lengua Castellana y Literatura es dar un pequeño paso hacia la interculturalidad, una pequeñísima aportación para y por el beneficio y bienestar de la convivencia entre culturas.

Uno de los primeros problemas a resolver es el de la comunicación: el conocimiento de la lengua. Este hecho debe promover una respuesta educativa capaz de reducir las dificultades lingüísticas. La elaboración de este manual parte de esa premisa, es decir, su fundamento es poner a disposición de alumnos y alumnas de procedencia extranjera las herramientas necesarias para disminuir la barrera lingüística que supone un idioma diferente a la lengua habitual.

Durante unos meses, el alumnado va a combatir carencias léxicas y dificultades en ortografía y en gramática. Debe ser consciente de que el aprendizaje de un idioma es un proceso lento y pausado, en el que conviene ir asimilando poco a poco los contenidos. Este aprendizaje deberá ser, en un principio, guiado por un tutor o tutora, quien ha de revisar las tareas, corregir errores y poner en práctica los bloques de contenido orales.

El manual se divide en cinco unidades, cada una de las cuales contempla seis bloques de contenido:

introducción

- » Bloque 1: Comprensión lectora
- » Bloque 2: Vocabulario
- » Bloque 3: Gramática
- » Bloque 4: Ortografía
- » Bloque 5: Expresión escrita
- » Bloque 6: Expresión oral

Finalmente, el manual dispone de una sección específica denominada Vocabulario que permitirá al alumnado enriquecer su caudal léxico con la adquisición de nuevas palabras. Dichas palabras, visiblemente destacadas a lo largo de todo el libro, han sido seleccionadas conscientemente por su utilidad o interés en la vida del alumno. El procedimiento a seguir para la adquisición del nuevo vocabulario consistirá en buscar en el diccionario todas las palabras que no sean de su competencia y/o actuación (el profesor puede ayudar a explicar el sentido de éstas) e indicar al final del cuaderno las traducciones en su idioma.

Este es, sin duda, el inicio de un esfuerzo prologando que deberá afrontar el alumnado para alcanzar más fácilmente los objetivos encomendados por la asignatura de Lengua Castellana y Literatura en Educación Secundaria.

Adelante, ¡te deseo mucha suerte!

La autora

MI NUEVA VIDA (1)

COMPRENSIÓN LECTORA

Mi nueva vida

Mi nombre es Sofía y tengo quince años. Hoy hace dos meses que llegué a España. Durante el mes de septiembre, mi padre y yo decidimos mudarnos a casa de mis abuelos. Desde entonces, he comenzado una nueva vida.

Mi primer día de instituto fue una auténtica aventura. En clase nadie hablaba portugués, pero me tranquilizó pensar que las horas que había estado con Marta, mi profesora bilingüe de español, habían sido útiles.

La verdad es que no fue difícil. Mis dos mejores amigos, Tania y Félix, me ayudaron muchísimo. Además, gracias a ellos conocí al resto de compañeros. La clase de tercero es muy cosmopolita, con personas de diferentes nacionalidades y culturas. Por ejemplo, Jonás es un chico muy moreno y habla marroquí.

Estoy muy contenta de vivir en una ciudad preciosa. La comida es exquisita y el clima fenomenal. Es como vivir un sueño que se ha hecho realidad.

Señala si cada frase es verdadera (V) o falsa (F):

	V	F
» Sofía ha comenzado una nueva vida en Portugal.		
» Sofía vive con su padre en casa de sus abuelos.		
» Sofía piensa que las horas con Marta han merecido la pena.		
» En clase de tercero todo el mundo habla el mismo idioma.		
» A Sofía le agrada el comienzo de su nueva vida.		

Mi nueva vida (1)

VOCABULARIO

Define el significado de las siguientes palabras subrayadas en el texto. Utiliza el diccionario:

» BILINGÜE: _____
_____

» ÚTIL: _____
_____

» COSMOPOLITA: _____
_____

» EXQUISITA: _____
_____

» FENOMENAL: _____
_____

GRAMÁTICA

SALUDAR	DESPEDIRSE	PRESENTARSE
» Hola.	» Adiós.	» Me llamo Paula.
» Buenos días.	» Hasta mañana.	» Tengo 14 años.
» Buenas tardes.	» Hasta luego.	» Soy italiana.
» Buenas noches.		

ORTOGRAFÍA

SE ESCRIBE CON "H"

» Las formas de los verbos **haber, hacer, hallar, hablar** y **habitar**.

» Los compuestos y derivados de las **palabras que tengan "h"**. *Ejemplos:* hortelano (huerto), helado (hielo).

» Las palabras que empiezan por los diptongos **hia-, hie-, hue-, hui-**. *Ejemplos: hiato, hielo, hueso.*

» Las palabras que empiezan por **hecto-, helio-, hema-, hemi-, hepta-, hetero-, hidra-, hidro-, hiper-, hipo-, holo-, homeo-, homo-**. *Ejemplos: hectómetro, hematoma, hipermercado, homosexual, etc.*

» Las palabras que empiezan por **histo-, hosp-, hum-, hog-, horm-, herm-, hern-, holg-**. *Ejemplos: humedad, hogar.*

PALABRAS HOMÓNIMAS Y HOMÓFONAS CON "H" Y SIN "H"

» Hecho: verbo hacer	» Echo: verbo echar
» Hojear: "pasar las hojas"	» Ojear: "mirar de manera superficial"
» Ha: verbo haber	» A: preposición
	» Ah: interjección
» Habría: verbo haber	» Abría: verbo abrir

Mi nueva vida (1)

Completa las oraciones con la forma correcta.

» a ver / haber

Tendrías que _____ llamado antes de venir.

¡_____ qué nos cuenta!

» ahí / hay

_____ está tu mochila.

Ya no _____ gente así.

» a / ha

¿Vas _____ a venir?

¿_____ hablado ya?

» echo / hecho

Yo no le _____ de mi casa.

Yo no le he _____ nada.

Inventa tres o más palabras que contengan estos prefijos.

Hemi-	Hiper-	Homo-	Hetero-	Hecto-

Escribe cinco o más palabras de la misma familia léxica de cada uno de estos vocablos que mantengan la letra "h".

» Hierro: _____

» Hielo: _____

» Huésped: _____

» Huerta: _____

Inventa oraciones con estas palabras homófonas.

» honda / onda

_____

_____

» ha / a

_____

_____

» hecho / echo

_____

_____

» haber / a ver

_____

_____

Mi nueva vida (1)

EXPRESIÓN ESCRITA

Completa el formulario con tus datos siguiendo el modelo:

Nombre:	Michel Brown
Nacionalidad:	Inglesa
Lugar de residencia:	Valencia
Lenguas que hablas:	inglés, italiano y español
Edad:	29 años
Profesión:	escritor
Aficiones:	leer, ir al cine…
Un lugar que te gustaría visitar:	China
Animal preferido:	el perro

Nombre:	
Nacionalidad:	
Lugar de residencia:	
Lenguas que hablas:	
Edad:	
Profesión:	
Aficiones:	
Un lugar que te gustaría visitar:	
Animal preferido:	

EXPRESIÓN ORAL

¿Qué estados de ánimo te sugieren estos iconos? ¿Cuándo te sientes como ellos?

_____

_____

_____

_____

_____

_____

_____

_____

Mi nueva vida (1)

OBSERVACIONES DEL TUTOR/A

ABCDEFGHIJKLMÑOPQRSTUVWX
ABCDEFGHIJKLMÑOPQRSTUVWX
ABCDEFGHIJKLMÑOPQRSTUVWX
ABCDEFGHIJKLMÑOPQRSTUVWX
ABCDEFGHIJKLMÑOPQRSTUVWX
ABCDEFGHIJKLMÑOPQRSTUVWX
ABCDEFGHIJKLMÑOPQRSTUVWX
ABCDEFGHIJKLMÑOPQRSTUVWX
ABCDEFGHIJKLMÑOPQRSTUVWX
ABCDEFGHIJKLMÑOPQRSTUVWX
ABCDEFGHIJKLMÑOPQRSTUVWX
ABCDEFGHIJKLMÑOPQRSTUVWX
ABCDEFGHIJKLMÑOPQRSTUVWX
ABCDEFGHIJKLMÑOPQRSTUVWX
ABCDEFGHIJKLMÑOPQRSTUVWX
ABCDEFGHIJKLMÑOPQRSTUVWX
ABCDEFGHIJKLMÑOPQRSTUVWX
ABCDEFGHIJKLMÑOPQRSTUVWX
ABCDEFGHIJKLMÑOPQRSTUVWX
ABCDEFGHIJKLMÑOPQRSTUVWX
ABCDEFGHIJKLMÑOPQRSTUVWX
ABCDEFGHIJKLMÑOPQRSTUVWX
ABCDEFGHIJKLMÑOPQRSTUVWX

MI FAMILIA (2)

COMPRENSIÓN LECTORA

Mi familia

Me llamo Sergio y vivo con mis padres y mi hermana pequeña. Mi padre se llama Carlos y tiene 33 años; mi madre se llama Teresa y es un año mayor que él.

Mi madre trabaja en una farmacia. En cambio, mi padre es profesor de inglés en un colegio de primaria. Mi abuela es la mayor de la familia. Ella se llama Matilde y es la madre de mi madre. Está jubilada pero hace las tareas de la casa. Lo que más me gusta son sus lentejas y su helado de vainilla. Mi hermana Soraya es la más pequeña, tiene once años aunque casi es más alta que yo. Le gusta tocar el piano y bailar flamenco. Es muy divertida y me gusta jugar con ella.

Hace dos meses vino mi tío Sebastián a visitarnos. Él es el hermano mayor de mi padre y lo que más le gusta es viajar. Dice que ser peregrino es su mayor ilusión. Cuando sea mayor, quiero ser como él: el trotamundos de la familia que no se cansa de visitar culturas y lugares.

Completa las oraciones con las palabras siguientes:

» Teresa y Carlos son mis _____.

» Sergio es el _____ de Soraya.

» Soraya y Sergio son _____ de Matilde.

» Sebastián es el _____ de Sergio y Soraya.

» Sebastián tiene dos _____.

» La madre de mi madre es mi _____.

SOBRINOS
ABUELA
NIETOS
PADRES
HERMANO
TÍO

Mi familia (2)

VOCABULARIO

Define el significado de las siguientes palabras subrayadas en el texto. Utiliza el diccionario:

» JUBILADA: _____

_____

» FLAMENCO: _____

_____

» PEREGRINO: _____

_____

» TROTAMUNDOS: _____

_____

GRAMÁTICA

EL GÉNERO DE SUSTANTIVOS Y ADJETIVOS		
	MASCULINO	FEMENINO
SUSTANTIVOS	» camarero	» camarera
ADJETIVOS	» español	» española

EJEMPLOS DE ALGUNAS TERMINACIONES QUE SON IGUALES PARA LOS DOS GÉNEROS		
» Artista	» Cantante	» Marroquí

PARA CONOCER EL GÉNERO DE UN SUSTANTIVO A TRAVÉS DE SU TERMINACIÓN

REGLAS GENERALES

MASCULINO	FEMENINO
» -o	» -a
» -or	» -dad/ tad
» La mayoría en -aje	» -ez
	» -ción/-sión/-zón

EL DETERMINANTE ARTÍCULO

	MASCULINO	FEMENINO
SINGULAR	» El	» La
	Ej: El niño.	*Ej: La niña.*
PLURAL	» Los	» Las
	Ej: Los niños.	*Ej: Las niñas.*

Mi familia (2)

Completa el cuadro con las palabras que faltan:

TERMINACIÓN	NACIONALIDAD		PAÍS
	Masculino	Femenino	
-o -a			Colombia
	mexicano		México
	italiano		Italia
			Brasil
		polaca	Polonia
-í			Marruecos
			Irán
-consonante -a	francés		Francia
		portuguesa	Portugal
	alemán		Alemania
			España

Escribe la palabra en la forma adecuada:

» Juan es traductor y Marta es traductora.

» Enrique es jardinero y Marta es _____.

» Juan es _____ y Laura es artista.

» Pierre es _____ y Claudine es francesa.

» Pedro es español y Luisa es _____.

» Esteban es estudiante y Paula es _____.

- César es _____ y Cecilia es chilena.
- Olivia es brasileña y Valerio es _____.

Escribe el determinante singular que corresponda en cada caso:

- ___ perro
- ___ pupitre
- ___ ventana
- ___ bonobús
- ___ aula
- ___ lápiz

- ___ flor
- ___ lección
- ___ bolígrafo
- ___ casa
- ___ jardín
- ___ hoja

- ___ juez
- ___ violín
- ___ cuadro
- ___ sofá
- ___ plato
- ___ botella

Escribe el determinante plural que corresponda en cada caso:

- ___ deberes
- ___ pistas
- ___ matemáticas
- ___ tapas
- ___ teléfonos
- ___ guitarristas
- ___ cartas

- ___ girasoles
- ___ reportajes
- ___ notas
- ___ autopistas
- ___ vecinos
- ___ continentes
- ___ vehículos

- ___ alumnos
- ___ amores
- ___ sofás
- ___ idiomas
- ___ clases
- ___ profesores
- ___ apuntes

Mi familia (2)

Escribe el femenino de las siguientes palabras de la tabla:

MASCULINO	FEMENINO	MASCULINO	FEMENINO
El alumno		El señor	
El estudiante		El portugués	
El gato		El turista	
El jefe		El cantante	
El primo		El italiano	
El barrendero		El colombiano	

ORTOGRAFÍA

SE ESCRIBEN CON "B"
» Todos los verbos acabados en –bir, en todas sus formas, excepto hervir, servir, vivir y sus copuestos.
» Los verbos **deber, beber, haber, saber** y **caber**.
» Todos los verbos acabados en –buir. *Ejemplo: contribuir*.
» Todas las formas del **pretérito imperfecto de indicativo** de los verbos de la primera conjugación y del verbo ir. *Ejemplo: cantábamos, iba*.
» Todas las palabras que empiezan por biblio-, bu-, bur- y bus- (excepto vudú) y sus derivados. *Ejemplos: biblioteca, butano, busto, burbuja*.

- » Las palabras que empiezan por bi-, bis-, biz-. *Ejemplos: bíblico, bizcocho.*

- » Las palabras acabadas en –bilidad (excepto movilidad y civilidad), -bundo y –bunda. *Ejemplos: habilidad, vagabunda.*

SE ESCRIBEN CON "V"

- » Las palabras con prefijo vice-, viz- o vi-. *Ejemplos: vicepresidente, vizconde, virrey.*

- » Las palabras que comienzan con los prefijos ad-, ob- y sub- seguidos del fonema /b/. *Ejemplos: subversión.*

- » Las palabras que comienzan por eva-, eve-, evi- y evo- (excepto ébano). *Ejemplos: evadir, eventual, evitar.*

- » Los adjetivos que terminan en –ava, -ave, -eva, -eve, -evo, -ivo (excepto mancebo). *Ejemplos: suave, leve, festivo.*

- » Las palabras terminadas en –viro, -vira, -voro y –vora (excepto víbora). *Ejemplos: Elvira, carnívora, herbívora.*

- » Los pretéritos indefinidos que terminan en –uve, excepto las formas del verbo haber. *Ejemplo: estuve.*

- » Los verbos acabados en –olver. *Ejemplos: disolver.*

Utiliza "b" o "v" en los siguientes huecos según corresponda.

- » Ya no ser___ía para nada.

- » Tú no i___as con él cuando te vimos.

- » Es a___surdo negar la evidencia.

Mi familia (2)

» No se lo tu___e en cuenta.

» No perci___o la diferencia.

» Se ha prohi___ido fumar en los centros de trabajo.

» Hay una ___urbuja inmobiliaria.

» No tiene mucha credi___ilidad.

» La falda te com___ina muy bien con las sandalias.

» Las tortugas no necesitan comida en invierno pues hi___ernan.

» Indignó a la población que a___sol___ieran al asesino.

» Ya han sol___entado el problema.

» Pediré un sor___ete de limón.

» Ese producto garantiza una gran a___sorción.

» Me gusta con___idar a mis amigos.

Completa estas frases conjugando el pretérito imperfecto del verbo ir.

» a) Ya me _____ cuando llegaron ellos.

» b) Ellos _____ cada tarde a esa piscina.

» c) Y tú _____ al colegio con tu hermano.

» d) Vosotros _____ juntos siempre.

» e) Él se _____ cuando le avisaron por teléfono.

» f) Nosotros _____ con mi padre en el coche.

EXPRESIÓN ESCRITA

Describe a tu familia. ¿Cómo se llaman tus padres? ¿En qué trabajan? ¿Tienes hermanas o hermanos?

Mi familia (2)

EXPRESIÓN ORAL

- **Utiliza** alguna foto de tu familia o de tus amigos y amigas, y preséntalos a tus **compañeros**. Escribe algunas notas previas para ayudarte:

_____
_____
_____
_____
_____
_____
_____
_____
_____
_____
_____
_____
_____
_____
_____
_____

OBSERVACIONES DEL TUTOR/A

ABCDEFGHIJKLMÑOPQRSTUVWX
ABCDEFGHIJKLMÑOPQRSTUVWX
ABCDEFGHIJKLMÑOPQRSTUVWX
ABCDEFGHIJKLMÑOPQRSTUVWX
ABCDEFGHIJKLMÑOPQRSTUVWX
ABCDEFGHIJKLMÑOPQRSTUVWX
ABCDEFGHIJKLMÑOPQRSTUVWX
ABCDEFGHIJKLMÑOPQRSTUVWX
ABCDEFGHIJKLMÑOPQRSTUVWX
ABCDEFGHIJKLMÑOPQRSTUVWX
ABCDEFGHIJKLMÑOPQRSTUVWX
ABCDEFGHIJKLMÑOPQRSTUVWX
ABCDEFGHIJKLMÑOPQRSTUVWX
ABCDEFGHIJKLMÑOPQRSTUVWX
ABCDEFGHIJKLMÑOPQRSTUVWX
ABCDEFGHIJKLMÑOPQRSTUVWX
ABCDEFGHIJKLMÑOPQRSTUVWX
ABCDEFGHIJKLMÑOPQRSTUVWX
ABCDEFGHIJKLMÑOPQRSTUVWX
ABCDEFGHIJKLMÑOPQRSTUVWX
ABCDEFGHIJKLMÑOPQRSTUVWX

EL CARNAVAL DE BRASIL (3)

COMPRENSIÓN LECTORA

El carnaval de Brasil

El carnaval de Brasil es el más famoso del mundo y la fiesta más celebrada del país. En sus orígenes, no hace más de doscientos años, los carnavales de Brasil tenían el formato de las batallas. Sin embargo, hoy es muy distinto: grandiosidad, belleza, ritmo y gracia hacen de esta fiesta la manifestación más auténtica del espíritu de los carnavaleros. Miles de personas desfilan y participan con sus disfraces y sus carrozas en el carnaval cada mes de febrero, durante el verano.

En Brasil, por su situación en el hemisferio sur, los meses de verano corresponden a los meses de invierno en España, y los de primavera a los de otoño. En la mayor parte de los países de Hispanoamérica, excepto en Uruguay, Chile y Argentina, solo hay dos estaciones: la lluviosa y la seca.

Gente de todo el planeta y brasileños de todas partes de Brasil, viajan a Río de Janeiro para presenciar el carnaval más espectacular y multitudinario. La samba es el baile típico de Brasil y se baila en cada uno de los rincones del país, especialmente en carnaval, cuando las distintas comparsas compiten entre sí para ver quién gana el carnaval.

Señala si son verdaderas (V) o falsas (F) las afirmaciones:

V   F

» El carnaval de Brasil es el más desconocido del mundo.
» Millones de personas desfilan en el carnaval en Brasil.
» El carnaval de Brasil es en junio, durante el verano.
» En Uruguay solo hay dos estaciones.

El carnaval de Brasil (3)

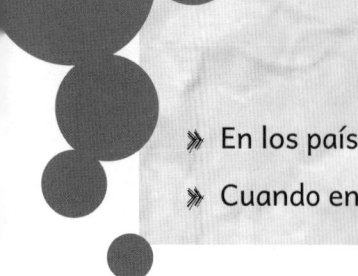

» En los países de Hispanoamérica solo hay dos estaciones.

» Cuando en España es primavera, en Brasil es otoño.

VOCABULARIO

Define el significado de las siguientes palabras subrayadas en el texto. Utiliza el diccionario:

» GRANDIOSIDAD: _____
_____

» CARROZA: _____
_____

» ESTACIÓN: _____
_____

» MULTITUDINARIO: _____
_____

» SAMBA: _____
_____

» COMPARSA: _____
_____

GRAMÁTICA

DETERMINANTES DEMOSTRATIVOS		
	MASCULINO	FEMENINO
SINGULAR	» Este es Óscar.	» Esta es Ana.
PLURAL	» Estos son Óscar y Pablo.	» Estas son Ana y María.

DETERMINANTES POSESIVOS			
SUJETO	GÉNERO	SINGULAR	PLURAL
Yo	MASC.	» Mi hermano.	» Mis hijos.
	FEM.	» Mi hermana.	» Mis hijas.
Tú	MASC.	» Tu padre.	» Tus abuelos.
	FEM.	» Tu madre.	» Tus abuelas.
Él / ella	MASC.	» Su hijo.	» Sus hermanos.
	FEM.	» Su hija.	» Sus hermanas.
Nosotros	MASC.	» Nuestro amigo.	» Nuestros amigos.
	FEM.	» Nuestra amiga.	» Nuestras amigas.
Vosotros	MASC.	» Vuestro tío.	» Vuestros tíos.
	FEM.	» Vuestra tía.	» Vuestras tías.
Ellos/ellas	MASC.	» Su primo.	» Sus primos.
	FEM.	» Su prima.	» Sus primas.

El carnaval de Brasil (3)

DETERMINANTES NUMERALES CARDINALES

1	» uno		21	» veintiuno
2	» dos		22	» veintidós
3	» tres		23	» veintitrés
4	» cuatro		24	» veinticuatro
5	» cinco		25	» veinticinco
6	» seis		26	» veintiséis
7	» siete		27	» veintisiete
8	» ocho		28	» veintiocho
9	» nueve		29	» veintinueve
10	» diez		30	» treinta
11	» once		31	» treinta y uno
12	» doce		32	» treinta y dos
13	» trece		33	» treinta y tres
14	» catorce		34	» treinta y cuatro
15	» quince		35	» treinta y cinco
16	» dieciséis		36	» treinta y seis
17	» diecisiete		37	» treinta y siete
18	» dieciocho		38	» treinta y ocho
19	» diecinueve		39	» treinta y nueve
20	» veinte		40	» cuarenta

Escribe en plural con el determinante numeral que se indica en la tabla:

SUSTANTIVO	DET. NUMERAL	PLURAL
Coche	3	
Profesor	16	
Ventana	11	
Compañera	26	
Mesa	30	
Silla	2	
Bandeja	21	
Automóvil	23	
Persona	17	
Libro	7	
Hotel	6	
Ordenador	10	
Cuaderno	15	
Amigo	13	
Café	22	
Sofá	29	
Televisión	15	
Árbol	20	
Cuadro	4	

El carnaval de Brasil (3)

Completa la conversación con los posesivos que correspondan:

- A. ¿Estos son tus abuelos?
- B. Sí, _____ abuela se llama Julia y _____ abuelo Miguel.
- A. ¿Y estos?
- B. Son _____ primos, Antonio y Carlos.
- A. ¿Esta es _____ hermana?
- B. Sí, esa es _____ hermana, se llama Ana Belén.
- A. ¿Y esta otra es la prima de _____ novio?
- B. Sí, es muy guapa _____ prima.

Completa las frases con el posesivo correspondiente, según a quién se refieran:

- ¿Cuál es tu número de teléfono? (tú)
- _____ gata se llama Luna (ella)
- ¿Dónde está _____ cuaderno? (él)
- ¿Tienes _____ móvil? (yo)
- _____ tíos viven en Zaragoza (ella)
- ¿Dónde viven _____ padres? (él)
- ¿Dónde vive _____ primo? (él)
- ¿Dónde estudia _____ hermana? (tú)

Completa con el demostrativo que corresponda:

Mira, estos son mis amigos. Ven, que te los presento:

» _____ es Celia y _____ es Jesús, su novio.

» _____ de la derecha es Laura.

» _____ de aquí son las amigas de Jesús: Mercedes y Sara.

» Y _____ que se esconde detrás de Sara es mi hermano, Pablo.

ORTOGRAFÍA

SE ESCRIBE CON "G"

» Las palabras en las que la g precede a otra consonante. *Ejemplos: glaciar, dogma.*

» Los verbos acabados en –ger, -gir (excepto tejer y crujir). *Ejemplos: coger, rugir.*

» Las palabras que empiezan por **geo**- o por **gest**-. *Ejemplos: geopolítica, gestación.*

» Las palabras que terminan en –giénico, -ginial, -gia, -gio, -gión, -gional, -gionario, -gioso, gírico. *Ejemplos: alergia, legionario.*

» Las palabras que terminan en –algia. *Ejemplo: lumbalgia.*

» Las palabras acabadas en –gente, -gencia. *Ejemplos: vigente, regencia.*

El carnaval de Brasil (3)

SE ESCRIBE CON "J"

» Las palabras derivadas de otras que tienen j ante a, o, u. *Ejemplos: cajero, rojizo.*

» Las palabras que acaban en –aje, –eje (excepto ambages, enálage, hipálage). *Ejemplos: garaje, hereje.*

» Las palabras que acaban en –jería. *Ejemplo: relojería.*

» Las formas verbales de los verbos cuyos infinitivos acaban en –jar, –jer, –jir. *Ejemplos: cuaje, tejía, crujía.*

» Los verbos terminados en –jear y sus formas verbales. *Ejemplos: homenajear, canjear.*

» El pretérito indefinido, el pretérito imperfecto y el futuro de subjuntivo de los verbos traer, decir y sus derivados. *Ejemplos: traje, dijiste, predijo.*

» El pretérito indefinido, el pretérito imperfecto y el futuro de subjuntivo de los verbos que terminan en –ducir. *Ejemplo: conduje.*

Utiliza "g" o "j" en los siguientes huecos según corresponda.

» Había demasiada _____ente en el concierto.

» Esa situación me resulta a_____ena.

» Su comportamiento no es ló_____ico.

» Dibuja tu árbol _____enealó_____ico.

» En el safari podréis ver _____irafas.

- La lasaña está rellena de beren____enas.

- Todavía no lo he corre____ido.

- ¡Vaya a____etreo!

- Mañana tengo examen de ____eografía.

- Formula la pregunta en conser____ería.

- A mi abuela le gusta mucho te____er.

- Me encanta el sabor del ____engibre.

- Su letra no es le____ible.

- Tienen mucho sitio para el almacena____e.

- Ese pa____e de la cabalgata tira sólo caramelos de fresa.

- Mi madre ha guardado ya el coche en el gara____e.

- Las semillas de ____irasol son enormes.

Completa la siguiente tabla anotando cinco palabras en cada columna con las terminaciones siguientes:

-AJE	-EJE	-GER	-GIR

El carnaval de Brasil (3)

EXPRESIÓN ESCRITA

Escribe un texto sobre una tradición típica de tu país de origen. Puedes responder a las siguientes cuestiones:

¿En qué consiste?   ¿Cuándo se celebra?

¿Dónde se celebra?   ¿Cuál es su origen?

¿Sus aspectos negativos son…?   ¿Sus aspectos positivos son…?

_____
_____
_____
_____
_____
_____
_____
_____
_____
_____
_____
_____
_____
_____

EXPRESIÓN ORAL

Cuéntale a tu compañero cuál es tu estación del año favorita y por qué. Escribe algunas notas previas para ayudarte.

Primavera   Verano

Otoño   Invierno

_____
_____
_____
_____
_____
_____
_____
_____
_____
_____
_____
_____

El carnaval de Brasil (3)

OBSERVACIONES DEL TUTOR/A

ABCDEFGHIJKLMÑOPQRSTUVWX
ABCDEFGHIJKLMÑOPQRSTUVWX
ABCDEFGHIJKLMÑOPQRSTUVWX
ABCDEFGHIJKLMÑOPQRSTUVWX
ABCDEFGHIJKLMÑOPQRSTUVWX
ABCDEFGHIJKLMÑOPQRSTUVWX
ABCDEFGHIJKLMÑOPQRSTUVWX
ABCDEFGHIJKLMÑOPQRSTUVWX
ABCDEFGHIJKLMÑOPQRSTUVWX
ABCDEFGHIJKLMÑOPQRSTUVWX
ABCDEFGHIJKLMÑOPQRSTUVWX
ABCDEFGHIJKLMÑOPQRSTUVWX
ABCDEFGHIJKLMÑOPQRSTUVWX
ABCDEFGHIJKLMÑOPQRSTUVWX
ABCDEFGHIJKLMÑOPQRSTUVWX
ABCDEFGHIJKLMÑOPQRSTUVWX
ABCDEFGHIJKLMÑOPQRSTUVWX
ABCDEFGHIJKLMÑOPQRSTUVWX
ABCDEFGHIJKLMÑOPQRSTUVWX
ABCDEFGHIJKLMÑOPQRSTUVWX
ABCDEFGHIJKLMÑOPQRSTUVWX
ABCDEFGHIJKLMÑOPQRSTUVWX

PROVERBIOS Y CANTARES (4)

COMPRENSIÓN LECTORA

Proverbios y cantares (fragmento)

Caminante, son tus huellas
el camino, y nada más;
caminante, no hay camino,
se hace camino al andar.

Al andar se hace camino,
y al volver la vista atrás
se ve la senda que nunca
se ha de volver a pisar.

Caminante, no hay camino,
sino estelas en la mar.

Antonio Machado

Lee en voz alta el fragmento del poema de Antonio Machado.

VOCABULARIO

Define el significado de las siguientes palabras subrayadas en el texto. Utiliza el diccionario:

» HUELLA: _____

_____

» CAMINO: _____

_____

Proverbios y cantares (4)

» SENDA: _____
_____

» ESTELA: _____
_____

Modifica las palabras subrayadas en el poema por el séptimo sustantivo que aparezca en el diccionario.

Caminante, son tus _____
el camino, y nada más;
caminante, no hay camino,
se hace _____ al andar.

Al andar se hace camino,
y al volver la vista atrás
se ve la _____ que nunca
se ha de pisar.

Caminante, no hay camino,
sino _____ en la mar

Escribe el nuevo significado que ha adquirido el poema:

_____
_____
_____
_____

GRAMÁTICA

VERBOS	
REGULARES	IRREGULARES
Saltar	Ir
Yo salto Tú saltas Él salta Nosotros saltamos Vosotros saltais Ellos saltan	Yo voy Tú vas Él va Nosotros vamos Vosotros vais Ellos van
Comer	Hacer
Yo como Tú comes Él come Nosotros comemos Vosotros coméis Ellos comen	Yo hago Tú haces Él hace Nosotros hacemos Vosotros hacéis Ellos hacen
Vivir	Tener
Yo vivo Tú vives Él vive Nosotros vivimos Vosotros vivís Ellos viven	Yo tengo Tú tienes Él tiene Nosotros tenemos Vosotros tenéis Ellos tienen

Proverbios y cantares (4)

Rellena los espacios en blanco con la forma verbal que corresponda en cada caso:

» Me llamo Carlos. Y tú, ¿cómo (llamarse) _____ _____?

» Yo (tener) _____ 15 años y (vivir) _____ en Málaga con mis padres y mi hermano mayor. ¿Tú (tener) _____ hermanos?

» Actualmente (ser) _____ guía turístico, es decir, (trabajar) _____ por el mundo explicando lugares.

» Conmigo, (poder) _____ moverte fácilmente por las calles de la ciudad, aprender sitios nuevos y conocer a otra gente. ¿Tú (estudiar) _____ o (trabajar) _____?

» Afortunadamente, yo (tener) _____ muchos amigos que viajan por este mundo conmigo. Yo te (invitar) _____ a participar en mis aventuras. ¿(querer) _____ participar?

» Mi tía (comer) _____ cada fin de semana en la terraza, menos en invierno, que entonces (ir) _____ a mi casa.

» José (hacer) _____ los deberes en cuanto llega a casa.

ORTOGRAFÍA

SE ESCRIBE CON "LL"

» Las palabras que terminan en –illa e –illo. *Ejemplos: capilla, cepillo.*

» La mayor parte de los verbos terminados en -illar, -ullar, -ullir. *Ejemplos: entablillar, aullar, zambullir.*

SE ESCRIBE CON "Y"

» La conjugación copulativa y. *Ejemplo: pan y vino.*

» Las palabras acabadas en el sonido [i] precedidas de una o dos vocales con las que forma diptongo o triptongo (excepto saharaui y bonsái). *Ejemplos: Uruguay, rey.*

» Todas las palabras que derivan de verbos cuyos infinitivos no tienen ni y ni ll y que tienen las sílabas ya, ye, yo. *Ejemplos: oye, huya, proveyó.*

Escribe "y" o "ll" en las siguientes palabras:

- » tra____ecto
- » cepi____ar
- » ____esista
- » vaini____a
- » bue____
- » le____ó
- » dis____untiva
- » desa____unar
- » urugua____o
- » carreti____a
- » cre____era
- » do____
- » piti____o
- » papi____a
- » ensa____o
- » cre____ente
- » re____es
- » apabu____ar

Escribe la palabra correcta:

» Hemos plantado un (haya/halla) _____ en el jardín.

» Luis siempre está muy (callado/cayado) _____.

» Estaba sentado en un (poyo/pollo) _____ junto a la casa.

» No me gusta que él (hulla/huya) _____ de nosotros.

Proverbios y cantares (4)

- Hay que pintar la (vaya/valla) _____ del gallinero.
- Ella no se (calló/cayó) _____ durante toda la reunión.
- El niño va a (rallar/rayar) _____ el suelo con el triciclo.
- No es necesario que (vaya/valla) _____ si no quiere.

Escribe una palabra de la misma familia de cada término y construye una frase con cada una de ellas:

- Trayecto: _____
  _____

- Silla: _____
  _____

- Desarrollo: _____
  _____

- Orgullo: _____
  _____

- Calle: _____
  _____

- Tornillo: _____
  _____

- Ley: _____
  _____

EXPRESIÓN ESCRITA

Cierra los ojos por un momento. Piensa sobre lo que has sentido hoy al levantarte, al entrar al instituto, al sentarte junto a tus compañeros. Después describe esas sensaciones a continuación, intentando no olvidarte ningún detalle:

EXPRESIÓN ORAL

Cierra los ojos de nuevo. ¡Empieza el paseo!

» Imagina que paseas por un bosque. ¿Qué ves? ¿Vegetación, luz, árboles...?

» A la derecha hay un camino. ¿Cómo es?

» Sigues andando y, de repente, visualizas a lo lejos un muro. ¿Cómo es el muro?

» ¿Qué haces? ¿Intentas franquearlo o prefieres dar la vuelta?

» De pronto, tirado en el suelo, algo resplandeciente llama poderosamente tu atención. Pero, ¿qué es? Parece una llave. ¿Cómo es esa llave?

» Vuelves al bosque y, en medio de los arbustos y matorrales, encuentras un cofre.

» ¡Qué sorpresa! La llave ha encajado en la cerradura del cofre. Lo abres lentamente... ¿Qué has descubierto? ¿Qué contiene este cofre?

» Finalmente, sales del bosque. A la única salida se llega subiendo una montaña. Cuando ya estás arriba, ¿qué ves?

40 juegos para practicar la lengua española.
Jacqueline Jacquet, Silvia Casulleras. Ed. Graó, 2007

OBSERVACIONES DEL TUTOR/A

LAS ROSAS (5)

COMPRENSIÓN LECTORA

Las rosas

Pero sucedió que el principito, habiendo caminado mucho tiempo a través de arena, rocas y nieve, descubrió por fin una ruta. Y todas las rutas van hacia los hombres.

- Buenos días –dijo el principito. Se trataba de un jardín florido de rosas.
- Buenos días –respondieron al saludo las rosas. El principito las observó detenidamente... todas se parecían a su flor.
- ¿Quiénes sois? –les preguntó sorprendido.
- Somos rosas –contestaron las rosas.
- ¡Ah! –exclamó el principito.

Y se sintió muy desdichado, recordaba que su flor le había contado un día que era única en su especie y en el universo entero. El principito se encontró con que en un solo jardín había cinco mil, todas semejantes entre sí.

"Si ella viera esto –pensó para sí– se sentiría seguramente avergonzada, tosería un buen rato y simularía morir a fin de evitar el ridículo. Yo debería aparentar protegerla, pues para humillarme aún más, llegaría hasta el extremo de dejarse morir..."

Prosiguió así el curso de sus pensamientos: "Creí ser rico al poseer una flor única en su especie, y no se trata más que de un ejemplar ordinario. La rosa y tres volcanes que me pasan de mis rodillas, de los cuales uno esté quizá apagado para siempre. Verdaderamente... no soy un gran príncipe." Se extendió sobre la hierba y lloró.

El principito, Antoine de Saint-Exupéry

Las rosas (5)

VOCABULARIO

Define las siguientes palabras subrayadas en el texto. Utiliza el diccionario:

» DESDICHADO: _____
_____

» AVERGONZADO: _____
_____

» APARENTAR: _____
_____

» ORDINARIO: _____
_____

Contesta a las siguientes cuestiones:

» ¿Por qué se sintió desdichado el principito?
_____
_____
_____

» ¿Qué haría la flor que el principito tenía en su planeta si viera que en el jardín hay muchas más flores como ella?
_____
_____

» ¿Qué debería hacer el principito con su flor?

_____

_____

» ¿Qué dos cosas hizo al final el principito?

_____

_____

¿Qué quiere decir el principito con la frase: *"Creí ser rico al poseer una flor única en su especie, y no se trata más que de un ejemplar ordinario"*?

_____

_____

_____

_____

_____

_____

_____

_____

_____

GRAMÁTICA

VERBO "SER"	
Conjugación	Se usa para...
Yo soy Tú eres Él es Nosotros somos Vosotros sois Ellos son	» Definir y expresar las características de un objeto, animal, persona, etc. *Ejemplos: "Manolo es cariñoso y divertido", "Esta mesa es muy sólida".* » Hablar de la procedencia. *Ejemplo: "Este vino es de la Rioja".*

VERBO "ESTAR"	
Conjugación	Se usa para...
Yo estoy Tú estás Él está Nosotros estamos Vosotros estáis Ellos están	» Situar algo en el espacio. *Ejemplo: "Las Islas Canarias están en el Océano Atlántico".* » Hablar del lugar o del tiempo. *Ejemplos: "Hoy estamos a 20 de noviembre".* » Expresar estados de ánimo o físicos de las personas. *Ejemplos: "Pilar siempre está de mal humor", "Francisco está enfermo".*

Escribe la opción más adecuada en cada frase:

» Julia (es / está) _____ enfadada con sus amigos porque no le ayudan lo suficiente.

» Los médicos dicen que no (es / está) _____ bueno beber alcohol.

» Mi hermana Rosa (es / está) _____ una egoísta, no comparte nada.

» Manolo (es / está) _____ nervioso porque tiene demasiados deberes que hacer.

» Mis vecinos normalmente (son / están) _____ amables, pero últimamente (son / están) _____ inaguantables.

» Rafael no vino ayer a trabajar porque (era / estaba) _____ enfermo.

» El piso (es / está) _____ en un barrio de la periferia y (es / está) _____ pequeño, sólo tiene dos habitaciones.

» Su trabajo (es / está) _____ en la calle Princesa, frente a la estación de metro.

» El tren (es / está) _____ más rápido que el autobús.

» Fumar no (es / está) _____ bueno.

» El hospital (es / está) _____ lejos de mi casa, en un barrio que (es / está) _____ muy tranquilo porque (es / está) _____ a las afueras de la ciudad.

» Este ejercicio no (es / está) _____ bien redactado.

» Este instituto (es / está) _____ cerca de la parada del autobús.

Las rosas (5)

Completa el texto siguiente con los verbos "ser" o "estar".

Me llamo Pedro Emmanuel y soy estudiante. Aunque he vivido muchos años en Argentina, ahora _____ en Madrid porque quiero aprender español. Beatriz _____ mi profesora de español, ella _____ de Sevilla. Le gusta escribir poesía y cantar flamenco. Ella no _____ casada y vive con su hermano Samuel. Beatriz y Samuel _____ buenos amigos de David, el vecino del segundo. _____ muy contento de haberles conocido, creo que _____ un buen comienzo.

ORTOGRAFÍA

SE ESCRIBE CON "X"

» Las palabras que contienen el sonido /ks/ (excepto facsímil, fucsia, macsura. *Ejemplo: examen, éxito.*

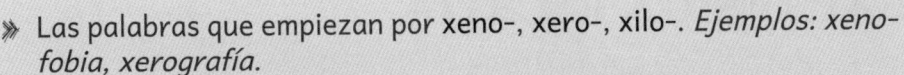

» Las palabras que empiezan por xeno-, xero-, xilo-. *Ejemplos:* xenofobia, xerografía.

» Las palabras que empiezan por la sílaba ex seguida de -pr-. *Ejemplo:* expropiar, expresar.

» Las palabras que empiezan por la sílaba ex seguida del grupo -pl- (excepto esplendor, espléndido, espliego, esplín, esplenio, espléndido). *Ejemplo:* explicar, explorar.

» Las palabras que empiezan por el grupo ex-, seguido de vocal o de h (menos ese, esa, eso, esencia, esófago, esotérico y sus derivados). *Ejemplo:* examen, exhibición.

» Las palabras que empiezan por los prefijos ex-, extra-. *Ejemplos:* extraordinario, extramuros.

» Las palabras pertenecientes a la misma familia léxica que los términos acabados en –exión. *Ejemplo:* flexión, complexión, crucifixión.

» Las palabras exfoliar y exquisito. En todas las demás, se escribe s ante las consonantes b, d, f, g, l, m, q. *Ejemplos:* esquimal, desbordar.

Escribe con "s" o "x" las siguientes palabras:

- » e___cursión
- » e___pina
- » e___hibición
- » conte___to
- » e___ploración
- » ___enófobo
- » e___pejo
- » refle___ión
- » e___encial
- » au___iliar
- » e___drújula
- » conte___tar
- » e___caparate
- » e___crito
- » pre___ionar
- » e___cusar
- » e___cepción
- » e___quisito
- » e___terior
- » e___tricto
- » e___poner

EXPRESIÓN ESCRITA

Escribe una receta de un plato típico de tu país. Deberás incluir las siguientes palabras: exquisito, escoger y exceso. No olvides especificar el proceso de elaboración.

EXPRESIÓN ORAL

Busca una noticia en un periódico o en una revista. Léela detenidamente y explica oralmente qué suceso o sucesos nos cuenta. Escribe algunas notas previas aquí para ayudarte.

Las rosas (5)

OBSERVACIONES DEL TUTOR/A

CUADRO DE ABREVIATURAS

s	sustantivo	masc	masculino
adj	adjetivo	fem	femenino
v	verbo	sing	singular
adv	adverbio	pl	plural
com	común (masc y fem)		

VOCABULARIO

palabras	en mi idioma es...
Aficiones (s, fem, pl)	
Agrada (v) (agradar)	
Amables (adj, com, pl)	
Amigos (adj, masc, pl)	
Aparentar (v)	
Aprender (v)	
Aventuras (s, fem, pl)	
Avergonzada (adj, fem)	
Biblioteca (s, fem, sing)	
Bilingüe (adj, com, sing)	
Camino (s, masc, sing)	
Cariñoso (adj, masc, sing)	
Carrozas (s, fem, pl)	
Compañeros (s, masc, pl)	
Comparsas (s, fem, pl)	
Conocer (v)	
Contenta (adj, fem, sing)	
Cosmopolita (adj, com, sing)	
Desdichado (adj, masc, sing)	
Divertido (adj, masc, sing)	
Dogma (s, masc, sing)	
Egoísta (adj, com, sing)	

vocabulario

palabras	en mi idioma es...
Enfadada (adj, fem)	
Escoger (v)	
Espléndido (adj, masc, sing)	
Estaciones (s, fem, pl)	
Estelas (s, fem, pl)	
Estudiante (s, com, sing)	
Exceso (s, masc, sing)	
Éxito (s, masc, sing)	
Expresar (v)	
Exquisita (adj, fem, sing)	
Extraordinario (adj, masc, sing)	
Familia (s, fem, sing)	
Favorita (adj, fem, sing)	
Fenomenal (adv, sing)	
Flamenco (adj, masc)	
Grandiosidad (s, fem, sing)	
Habilidad (s, fem, sing)	
Hogar (s, masc, sing)	
Homenajear (v)	
Hortelano (adj, masc, sing)	
Huellas (s, fem, pl)	
Huésped (s, com)	

palabras	en mi idioma es...
Humor (s, masc, sing)	
Instituto (s, masc, sing)	
Jubilada (adj, s, fem, sing)	
Multitudinario (adj, masc, sing)	
Ordinario (adj, masc, sing)	
Origen (s, masc, sing)	
Peregrino (adj, sing)	
Poesía (s, fem, sing)	
Receta (s, fem, sing)	
Resplandeciente (adj, sing)	
Samba (s, fem)	
Senda (s, fem, sing)	
Suceso (s, masc, sing)	
Sugieren (v) (sugerir)	
Típica (adj, fem, sing)	
Tradición (s, fem, sing)	
Trotamundos (s, com)	
Útiles (adj, pl)	
Vigente (adj, sing)	

ABCDEFGHIJKLMÑOPQRSTUVWX
ABCDEFGHIJKLMÑOPQRSTUVWX
ABCDEFGHIJKLMÑOPQRSTUVWX
ABCDEFGHIJKLMÑOPQRSTUVWX
ABCDEFGHIJKLMÑOPQRSTUVWX
ABCDEFGHIJKLMÑOPQRSTUVWX
ABCDEFGHIJKLMÑOPQRSTUVWX
ABCDEFGHIJKLMÑOPQRSTUVWX
ABCDEFGHIJKLMÑOPQRSTUVWX
ABCDEFGHIJKLMÑOPQRSTUVWX
ABCDEFGHIJKLMÑOPQRSTUVWX
ABCDEFGHIJKLMÑOPQRSTUVWX
ABCDEFGHIJKLMÑOPQRSTUVWX
ABCDEFGHIJKLMÑOPQRSTUVWX
ABCDEFGHIJKLMÑOPQRSTUVWX
ABCDEFGHIJKLMÑOPQRSTUVWX
ABCDEFGHIJKLMÑOPQRSTUVWX
ABCDEFGHIJKLMÑOPQRSTUVWX
ABCDEFGHIJKLMÑOPQRSTUVWX
ABCDEFGHIJKLMÑOPQRSTUVWX
ABCDEFGHIJKLMÑOPQRSTUVWX
ABCDEFGHIJKLMÑOPQRSTUVWX